TRANZLATY

Language is for everyone

Dil herkes içindir

Beauty and the Beast

Güzel ve Çirkin

Gabrielle-Suzanne Barbot de Villeneuve

English / Türkçe

Copyright © 2025 Tranzlaty
All rights reserved
Published by Tranzlaty
ISBN: 978-1-83566-993-8
Original text by Gabrielle-Suzanne Barbot de Villeneuve
La Belle et la Bête
First published in French in 1740
Taken from The Blue Fairy Book (Andrew Lang)
Illustration by Walter Crane
www.tranzlaty.com

There was once a rich merchant
Bir zamanlar zengin bir tüccar varmış
this rich merchant had six children
Bu zengin tüccarın altı çocuğu vardı
he had three sons and three daughters
üç oğlu ve üç kızı vardı
he spared no cost for their education
onların eğitimi için hiçbir masraftan kaçınmadı
because he was a man of sense
çünkü o mantıklı bir adamdı
but he gave his children many servants
ama çocuklarına birçok hizmetçi verdi
his daughters were extremely pretty
kızları son derece güzeldi
and his youngest daughter was especially pretty
ve en küçük kızı özellikle güzeldi
as a child her Beauty was already admired
çocukluğundan beri güzelliği hayranlık uyandırıyordu
and the people called her by her Beauty
ve insanlar onu güzelliğiyle çağırıyordu
her Beauty did not fade as she got older
Yaşlandıkça güzelliği solmadı
so the people kept calling her by her Beauty
bu yüzden insanlar ona güzelliğiyle seslenmeye devam ettiler
this made her sisters very jealous
bu kız kardeşlerini çok kıskandırdı
the two eldest daughters had a great deal of pride
en büyük iki kız çok gururluydu
their wealth was the source of their pride
zenginlikleri gururlarının kaynağıydı
and they didn't hide their pride either
ve gururlarını da gizlemediler
they did not visit other merchants' daughters
diğer tüccarların kızlarını ziyaret etmediler
because they only meet with aristocracy
çünkü onlar sadece aristokrasiyle buluşuyorlar

they went out every day to parties
her gün partilere gidiyorlardı
balls, plays, concerts, and so forth
balolar, oyunlar, konserler vb.
and they laughed at their youngest sister
ve en küçük kız kardeşlerine güldüler
because she spent most of her time reading
çünkü zamanının çoğunu okuyarak geçiriyordu
it was well known that they were wealthy
zengin oldukları biliniyordu
so several eminent merchants asked for their hand
Böylece birkaç seçkin tüccar onların elini istedi
but they said they were not going to marry
ama evlenmeyeceklerini söylediler
but they were prepared to make some exceptions
ancak bazı istisnalar yapmaya hazırdılar
"perhaps I could marry a Duke"
"belki bir Dük ile evlenebilirim"
"I guess I could marry an Earl"
"Sanırım bir Kontla evlenebilirim"
Beauty very civilly thanked those that proposed to her
güzellik kendisine evlenme teklif edenlere çok medeni bir şekilde teşekkür etti
she told them she was still too young to marry
onlara evlenmek için hala çok genç olduğunu söyledi
she wanted to stay a few more years with her father
Babasıyla birkaç yıl daha kalmak istiyordu
All at once the merchant lost his fortune
Tüccar birdenbire servetini kaybetti
he lost everything apart from a small country house
küçük bir kır evi dışında her şeyini kaybetti
and he told his children with tears in his eyes:
ve çocuklarına gözyaşları içinde şöyle dedi:
"we must go to the countryside"
"Kırsal alana gitmeliyiz"
"and we must work for our living"

"ve geçimimizi sağlamak için çalışmalıyız"
the two eldest daughters didn't want to leave the town
iki büyük kız kasabadan ayrılmak istemiyordu
they had several lovers in the city
şehirde birkaç sevgilileri vardı
and they were sure one of their lovers would marry them
ve sevgililerinden birinin onlarla evleneceğinden emindiler
they thought their lovers would marry them even with no fortune
Hiçbir servetleri olmasa bile sevgililerinin kendileriyle evleneceğini düşünüyorlardı
but the good ladies were mistaken
ama iyi hanımlar yanılmıştı
their lovers abandoned them very quickly
sevgilileri onları çok çabuk terk etti
because they had no fortunes any more
çünkü artık servetleri kalmamıştı
this showed they were not actually well liked
bu aslında pek sevilmediklerini gösterdi
everybody said they do not deserve to be pitied
herkes acınmayı hak etmediğini söyledi
"**we are glad to see their pride humbled**"
"gururlarının kırıldığını görmekten mutluluk duyuyoruz"
"**let them be proud of milking cows**"
"İnek sağmaktan gurur duysunlar"
but they were concerned for Beauty
ama onlar güzellikle ilgileniyorlardı
she was such a sweet creature
o çok tatlı bir yaratıktı
she spoke so kindly to poor people
o fakir insanlara çok nazik konuşuyordu
and she was of such an innocent nature
ve o kadar masum bir yapıya sahipti ki
Several gentlemen would have married her
Birkaç beyefendi onunla evlenebilirdi
they would have married her even though she was poor

fakir olmasına rağmen onunla evlenirlerdi
but she told them she couldn't marry them
ama onlara evlenemeyeceğini söyledi
because she would not leave her father
çünkü babasını terk etmeyecekti
she was determined to go with him to the countryside
onunla kırsala gitmeye kararlıydı
so that she could comfort and help him
böylece onu rahatlatabilir ve ona yardım edebilirdi
Poor Beauty was very grieved at first
Zavallı güzellik ilk başta çok üzüldü
she was grieved by the loss of her fortune
servetini kaybetmenin acısını yaşıyordu
"but crying won't change my fortunes"
"ama ağlamak benim kaderimi değiştirmeyecek"
"I must try to make myself happy without wealth"
"Zenginlik olmadan kendimi mutlu etmeye çalışmalıyım"
they came to their country house
kır evlerine geldiler
and the merchant and his three sons applied themselves to husbandry
ve tüccar ve üç oğlu kendilerini çiftçiliğe adadılar
Beauty rose at four in the morning
güzellik sabahın dördünde yükseldi
and she hurried to clean the house
ve evi temizlemek için acele etti
and she made sure dinner was ready
ve akşam yemeğinin hazır olduğundan emin oldu
in the beginning she found her new life very difficult
Başlangıçta yeni hayatının çok zor olduğunu gördü
because she had not been used to such work
çünkü o böyle bir işe alışkın değildi
but in less than two months she grew stronger
ama iki aydan kısa bir sürede daha da güçlendi
and she was healthier than ever before
ve her zamankinden daha sağlıklıydı

after she had done her work she read
işini bitirdikten sonra okudu
she played on the harpsichord
klavsen çaldı
or she sung whilst she spun silk
veya ipek eğirirken şarkı söyledi
on the contrary, her two sisters did not know how to spend their time
tam tersine, iki kız kardeşi zamanlarını nasıl geçireceklerini bilmiyorlardı
they got up at ten and did nothing but laze about all day
saat onda kalktılar ve bütün gün tembellik etmekten başka bir şey yapmadılar
they lamented the loss of their fine clothes
güzel giysilerini kaybettikleri için ağıt yaktılar
and they complained about losing their acquaintances
ve tanıdıklarını kaybettiklerinden şikayet ettiler
"Have a look at our youngest sister," they said to each other
"En küçük kız kardeşimize bir bakın" dediler birbirlerine
"what a poor and stupid creature she is"
"Ne kadar zavallı ve aptal bir yaratık o"
"it is mean to be content with so little"
"Bu kadar az şeyle yetinmek ayıptır"
the kind merchant was of quite a different opinion
nazik tüccar oldukça farklı bir görüşe sahipti
he knew very well that Beauty outshone her sisters
güzelliğin kız kardeşlerini gölgede bıraktığını çok iyi biliyordu
she outshone them in character as well as mind
hem karakter hem de zihin olarak onlardan daha iyiydi
he admired her humility and her hard work
onun alçakgönüllülüğüne ve çalışkanlığına hayrandı
but most of all he admired her patience
ama en çok da onun sabrına hayrandı
her sisters left her all the work to do
kız kardeşleri ona yapması gereken tüm işleri bıraktı

and they insulted her every moment
ve her an ona hakaret ettiler
The family had lived like this for about a year
Aile yaklaşık bir yıldır bu şekilde yaşıyordu
then the merchant got a letter from an accountant
sonra tüccar bir muhasebeciden bir mektup aldı
he had an investment in a ship
bir gemiye yatırımı vardı
and the ship had safely arrived
ve gemi güvenli bir şekilde ulaştı
this news turned the heads of the two eldest daughters
Bu haber iki büyük kızın başını döndürdü
they immediately had hopes of returning to town
hemen şehre dönmeyi umut ettiler
because they were quite weary of country life
çünkü kırsal yaşamdan oldukça yorgundular
they went to their father as he was leaving
babaları ayrılırken yanına gittiler
they begged him to buy them new clothes
ondan kendilerine yeni kıyafetler almasını rica ettiler
dresses, ribbons, and all sorts of little things
elbiseler, kurdeleler ve her türlü küçük şeyler
but Beauty asked for nothing
ama güzellik hiçbir şey istemedi
because she thought the money wasn't going to be enough
çünkü paranın yeterli olmayacağını düşünüyordu
there wouldn't be enough to buy everything her sisters wanted
kız kardeşlerinin istediği her şeyi satın almaya yetecek kadar para olmayacaktı
"What would you like, Beauty?" asked her father
"Ne istersin güzelim?" diye sordu babası.
"thank you, father, for the goodness to think of me," she said
"Teşekkür ederim baba, beni düşündüğün için" dedi
"father, be so kind as to bring me a rose"
"Baba, lütfen bana bir gül getir"

"because no roses grow here in the garden"
"çünkü burada bahçede gül yetişmiyor"
"and roses are a kind of rarity"
"ve güller bir tür nadirliktir"
Beauty didn't really care for roses
güzellik gülleri pek umursamadı
she only asked for something not to condemn her sisters
o sadece kız kardeşlerini kınamak için değil bir şey istedi
but her sisters thought she asked for roses for other reasons
ama kız kardeşleri onun gülleri başka sebeplerden dolayı istediğini düşündüler
"she did it just to look particular"
"sadece özel görünmek için yaptı"
The kind man went on his journey
İyi adam yolculuğuna devam etti
but when he arrived they argued about the merchandise
ama o geldiğinde mallar hakkında tartıştılar
and after a lot of trouble he came back as poor as before
ve bir sürü sıkıntıdan sonra eskisi kadar fakir bir şekilde geri döndü
he was within a couple of hours of his own house
kendi evine birkaç saat uzaklıktaydı
and he already imagined the joy of seeing his children
ve çocuklarını görmenin sevincini çoktan hayal etmişti
but when going through forest he got lost
ama ormandan geçerken kayboldu
it rained and snowed terribly
korkunç yağmur ve kar yağdı
the wind was so strong it threw him off his horse
rüzgar o kadar kuvvetliydi ki onu atından düşürdü
and night was coming quickly
ve gece hızla yaklaşıyordu
he began to think that he might starve
Açlıktan ölebileceğini düşünmeye başladı
and he thought that he might freeze to death
ve donarak ölebileceğini düşündü

and he thought wolves may eat him
ve kurtların onu yiyebileceğini düşündü
the wolves that he heard howling all round him
etrafında uluyan kurtları duydu
but all of a sudden he saw a light
ama aniden bir ışık gördü
he saw the light at a distance through the trees
ağaçların arasından uzaktan ışığı gördü
when he got closer he saw the light was a palace
Yaklaştığında ışığın bir saray olduğunu gördü
the palace was illuminated from top to bottom
saray tepeden tırnağa aydınlatılmıştı
the merchant thanked God for his luck
Tüccar şansı için Tanrı'ya şükretti
and he hurried to the palace
ve saraya doğru acele etti
but he was surprised to see no people in the palace
ama sarayda hiç kimseyi göremeyince şaşırdı
the court yard was completely empty
avlu tamamen boştu
and there was no sign of life anywhere
ve hiçbir yerde yaşam belirtisi yoktu
his horse followed him into the palace
atı onu saraya kadar takip etti
and then his horse found large stable
ve sonra atı büyük bir ahır buldu
the poor animal was almost famished
zavallı hayvan neredeyse açlıktan ölüyordu
so his horse went in to find hay and oats
böylece atı saman ve yulaf bulmak için içeri girdi
fortunately he found plenty to eat
Neyse ki yiyecek bol miktarda buldu
and the merchant tied his horse up to the manger
ve tüccar atını yemliğe bağladı
walking towards the house he saw no one
yürürken kimseyi göremedi

but in a large hall he found a good fire
ama büyük bir salonda iyi bir ateş buldu
and he found a table set for one
ve bir kişilik bir masa buldu
he was wet from the rain and snow
yağmurdan ve kardan ıslanmıştı
so he went near the fire to dry himself
bu yüzden kendini kurutmak için ateşin yanına gitti
"I hope the master of the house will excuse me"
"Evin efendisinin beni mazur görmesini umuyorum"
"I suppose it won't take long for someone to appear"
"Sanırım birinin ortaya çıkması uzun sürmeyecek"
He waited a considerable time
Uzun bir süre bekledi
he waited until it struck eleven, and still nobody came
saat on bire kadar bekledi ve hala kimse gelmedi
at last he was so hungry that he could wait no longer
sonunda o kadar acıktı ki artık bekleyemedi
he took some chicken and ate it in two mouthfuls
biraz tavuk aldı ve iki lokmada yedi
he was trembling while eating the food
yemeği yerken titriyordu
after this he drank a few glasses of wine
bundan sonra birkaç kadeh şarap içti
growing more courageous he went out of the hall
daha da cesaretlenerek salondan çıktı
and he crossed through several grand halls
ve birkaç büyük salondan geçti
he walked through the palace until he came into a chamber
sarayın içinden geçerek bir odaya geldi
a chamber which had an exceeding good bed in it
İçinde çok iyi bir yatak bulunan bir oda
he was very much fatigued from his ordeal
yaşadığı çileden dolayı çok yorgundu
and the time was already past midnight
ve zaman gece yarısını çoktan geçmişti

so he decided it was best to shut the door
bu yüzden kapıyı kapatmanın en iyisi olduğuna karar verdi
and he concluded he should go to bed
ve yatağa gitmesi gerektiği sonucuna vardı
It was ten in the morning when the merchant woke up
Tüccar uyandığında saat sabahın onuydu
just as he was going to rise he saw something
Tam ayağa kalkacakken bir şey gördü
he was astonished to see a clean set of clothes
temiz bir elbise takımı görünce şaşkına döndü
in the place where he had left his dirty clothes
Kirli giysilerini bıraktığı yerde
"certainly this palace belongs to some kind fairy"
"Elbette bu saray bir periye ait"
"a fairy who has seen and pitied me"
" beni görüp acıyan bir peri"
he looked through a window
Bir pencereden baktı
but instead of snow he saw the most delightful garden
ama kar yerine en güzel bahçeyi gördü
and in the garden were the most beautiful roses
ve bahçede en güzel güller vardı
he then returned to the great hall
sonra büyük salona geri döndü
the hall where he had had soup the night before
önceki gece çorba içtiği salon
and he found some chocolate on a little table
ve küçük bir masanın üzerinde biraz çikolata buldu
"Thank you, good Madam Fairy," he said aloud
"Teşekkür ederim, iyi Peri Hanım," dedi yüksek sesle
"thank you for being so caring"
"bu kadar ilgili olduğunuz için teşekkür ederim"
"I am extremely obliged to you for all your favours"
"Bütün iyilikleriniz için size çok minnettarım"
the kind man drank his chocolate
iyi adam çikolatasını içti

and then he went to look for his horse
ve sonra atını aramaya gitti
but in the garden he remembered Beauty's request
ama bahçede güzelliğin isteğini hatırladı
and he cut off a branch of roses
ve bir gül dalını kesti
immediately he heard a great noise
hemen büyük bir gürültü duydu
and he saw a terribly frightful Beast
ve korkunç derecede korkunç bir canavar gördü
he was so scared that he was ready to faint
o kadar korkmuştu ki bayılmak üzereydi
"You are very ungrateful," said the Beast to him
"Sen çok nankörsün" dedi canavar ona
and the Beast spoke in a terrible voice
ve canavar korkunç bir sesle konuştu
"I have saved your life by allowing you into my castle"
"Seni kaleme alarak hayatını kurtardım"
"and for this you steal my roses in return?"
"ve bunun karşılığında güllerimi mi çalıyorsun?"
"The roses which I value beyond anything"
"Her şeyden çok değer verdiğim güller"
"but you shall die for what you've done"
"ama yaptığın şey yüzünden öleceksin"
"I give you but a quarter of an hour to prepare yourself"
"Size hazırlanmanız için sadece çeyrek saat veriyorum"
"get yourself ready for death and say your prayers"
"Ölüme hazırlanın ve dualarınızı edin"
the merchant fell on his knees
tüccar dizlerinin üzerine çöktü
and he lifted up both his hands
ve iki elini de kaldırdı
"My lord, I beseech you to forgive me"
"Efendim, yalvarıyorum beni bağışlayın"
"I had no intention of offending you"
"Seni gücendirmek gibi bir niyetim yoktu"

"I gathered a rose for one of my daughters"
"Kızlarımdan biri için bir gül topladım"
"she asked me to bring her a rose"
"Bana bir gül getirmemi istedi"
"I am not your lord, but I am a Beast," replied the monster
"Ben sizin efendiniz değilim, ama bir canavarım" diye cevapladı canavar
"I don't love compliments"
"İltifatları sevmiyorum"
"I like people who speak as they think"
"Düşündüğü gibi konuşan insanları severim"
"do not imagine I can be moved by flattery"
"Dalkavuklukla etkilenebileceğimi sanmıyorum"
"But you say you have got daughters"
"Ama kızların olduğunu söylüyorsun"
"I will forgive you on one condition"
"Seni bir şartla affederim"
"one of your daughters must come to my palace willingly"
"Kızlarınızdan biri gönüllü olarak sarayıma gelmeli"
"and she must suffer for you"
"ve o senin için acı çekmeli"
"Let me have your word"
"Sözünüzü bana verin"
"and then you can go about your business"
"ve sonra işinize devam edebilirsiniz"
"Promise me this:"
"Bana şunu vaat et:"
"if your daughter refuses to die for you, you must return within three months"
"Kızınız sizin için ölmeyi reddederse, üç ay içinde geri dönmelisiniz"
the merchant had no intentions to sacrifice his daughters
tüccarın kızlarını kurban etme niyeti yoktu
but, since he was given time, he wanted to see his daughters once more
ama kendisine zaman tanındığı için kızlarını bir kez daha

görmek istiyordu
so he promised he would return
bu yüzden geri döneceğine söz verdi
and the Beast told him he might set out when he pleased
ve canavar ona istediği zaman yola çıkabileceğini söyledi
and the Beast told him one more thing
ve canavar ona bir şey daha söyledi
"you shall not depart empty handed"
"Boş elle ayrılmayacaksın"
"go back to the room where you lay"
"yattığın odaya geri dön"
"you will see a great empty treasure chest"
"Büyük, boş bir hazine sandığı göreceksin"
"fill the treasure chest with whatever you like best"
"hazine sandığını en çok sevdiğin şeylerle doldur"
"and I will send the treasure chest to your home"
"ve hazine sandığını evine göndereceğim"
and at the same time the Beast withdrew
ve aynı zamanda canavar geri çekildi
"Well," said the good man to himself
"Peki," dedi iyi adam kendi kendine
"if I must die, I shall at least leave something to my children"
"Eğer ölmem gerekirse, en azından çocuklarıma bir şeyler bırakacağım"
so he returned to the bedchamber
böylece yatak odasına geri döndü
and he found a great many pieces of gold
ve çok sayıda altın parçası buldu
he filled the treasure chest the Beast had mentioned
canavarın bahsettiği hazine sandığını doldurdu
and he took his horse out of the stable
ve atını ahırdan çıkardı
the joy he felt when entering the palace was now equal to the grief he felt leaving it
Saraya girerken hissettiği sevinç, ayrılırken hissettiği

üzüntüye eşitti artık.
the horse took one of the roads of the forest
at ormanın yollarından birini seçti
and in a few hours the good man was home
ve birkaç saat içinde iyi adam evdeydi
his children came to him
çocukları ona geldi
but instead of receiving their embraces with pleasure, he looked at them
ama onların kucaklaşmalarını zevkle karşılamak yerine, onlara baktı
he held up the branch he had in his hands
elindeki dalı havaya kaldırdı
and then he burst into tears
ve sonra gözyaşlarına boğuldu
"Beauty," he said, "please take these roses"
"güzellik," dedi, "lütfen bu gülleri al"
"you can't know how costly these roses have been"
"bu güllerin ne kadar pahalı olduğunu bilemezsin"
"these roses have cost your father his life"
"bu güller babanın hayatına mal oldu"
and then he told of his fatal adventure
ve sonra ölümcül macerasını anlattı
immediately the two eldest sisters cried out
hemen iki büyük kız kardeş bağırdı
and they said many mean things to their beautiful sister
ve güzel kız kardeşlerine birçok kötü şey söylediler
but Beauty did not cry at all
ama güzellik hiç ağlamadı
"Look at the pride of that little wretch," said they
"Şu küçük alçağın gururuna bak," dediler.
"she did not ask for fine clothes"
"güzel giysiler istemedi"
"she should have done what we did"
"bizim yaptığımızı o da yapmalıydı"
"she wanted to distinguish herself"

- 14 -

"kendini farklılaştırmak istedi"
"so now she will be the death of our father"
"şimdi o bizim babamızın ölümü olacak"
"and yet she does not shed a tear"
"ve yine de gözyaşı dökmüyor"
"Why should I cry?" answered Beauty
"Neden ağlayayım?" diye cevapladı güzellik
"crying would be very needless"
"ağlamak çok gereksiz olurdu"
"my father will not suffer for me"
"babam benim için acı çekmeyecek"
"the monster will accept of one of his daughters"
"canavar kızlarından birini kabul edecek"
"I will offer myself up to all his fury"
"Kendimi onun bütün öfkesine sunacağım"
"I am very happy, because my death will save my father's life"
"Çok mutluyum, çünkü benim ölümüm babamın hayatını kurtaracak"
"my death will be a proof of my love"
"Ölümüm aşkımın kanıtı olacak"
"No, sister," said her three brothers
"Hayır, kız kardeşim," dedi üç erkek kardeşi
"that shall not be"
"bu olmayacak"
"we will go find the monster"
"canavarı bulmaya gideceğiz"
"and either we will kill him..."
"ya da onu öldüreceğiz..."
"... or we will perish in the attempt"
"...ya da bu girişimde yok olacağız"
"Do not imagine any such thing, my sons," said the merchant
"Böyle bir şeyi hayal etmeyin oğullarım," dedi tüccar
"the Beast's power is so great that I have no hope you could overcome him"
"Canavarın gücü o kadar büyük ki onu yenebileceğine dair

- 15 -

hiçbir umudum yok"
"I am charmed with Beauty's kind and generous offer"
"Güzelliğin nazik ve cömert teklifi beni büyüledi"
"but I cannot accept to her generosity"
"ama onun cömertliğini kabul edemem"
"I am old, and I don't have long to live"
"Yaşlıyım ve yaşayacak uzun zamanım yok"
"so I can only loose a few years"
"bu yüzden sadece birkaç yıl kaybedebilirim"
"time which I regret for you, my dear children"
"Sizin için üzüldüğüm bir zaman, sevgili çocuklarım"
"But father," said Beauty
"Ama baba," dedi güzellik
"you shall not go to the palace without me"
"Ben olmadan saraya gidemezsin"
"you cannot stop me from following you"
"beni takip etmekten alıkoyamazsın"
nothing could convince Beauty otherwise
güzelliği başka türlü ikna edebilecek hiçbir şey yoktu
she insisted on going to the fine palace
o güzel saraya gitmekte ısrar etti
and her sisters were delighted at her insistence
ve kız kardeşleri onun ısrarından çok memnundu
The merchant was worried at the thought of losing his daughter
Tüccar kızını kaybetme düşüncesiyle endişeleniyordu
he was so worried that he had forgotten about the chest full of gold
O kadar endişeliydi ki altın dolu sandığı unutmuştu
at night he retired to rest, and he shut his chamber door
gece dinlenmek için odasına çekildi ve odasının kapısını kapattı
then, to his great astonishment, he found the treasure by his bedside
sonra, büyük bir şaşkınlıkla, hazineyi yatağının yanında buldu
he was determined not to tell his children

çocuklarına söylememeye kararlıydı
if they knew, they would have wanted to return to town
eğer bilselerdi, şehre geri dönmek isterlerdi
and he was resolved not to leave the countryside
ve kırsaldan ayrılmamaya kararlıydı
but he trusted Beauty with the secret
ama sırrı güzelliğe emanet etti
she informed him that two gentlemen had came
ona iki beyefendinin geldiğini bildirdi
and they made proposals to her sisters
ve kız kardeşlerine tekliflerde bulundular
she begged her father to consent to their marriage
babasından evlenmelerine izin vermesini rica etti
and she asked him to give them some of his fortune
ve ondan servetinin bir kısmını onlara vermesini istedi
she had already forgiven them
onları çoktan affetmişti
the wicked creatures rubbed their eyes with onions
Kötü yaratıklar gözlerini soğanla ovuşturdular
to force some tears when they parted with their sister
kız kardeşlerinden ayrılırken biraz gözyaşı dökmek için
but her brothers really were concerned
ama kardeşleri gerçekten endişeliydi
Beauty was the only one who did not shed any tears
tek gözyaşı dökmeyen güzellikti
she did not want to increase their uneasiness
onların huzursuzluğunu artırmak istemedi
the horse took the direct road to the palace
at saraya giden direkt yolu seçti
and towards evening they saw the illuminated palace
ve akşama doğru aydınlatılmış sarayı gördüler
the horse took himself into the stable again
at tekrar ahıra girdi
and the good man and his daughter went into the great hall
ve iyi adam ve kızı büyük salona girdiler
here they found a table splendidly served up

Burada muhteşem bir şekilde servis edilmiş bir masa buldular
the merchant had no appetite to eat
Tüccarın yemek yeme iştahı yoktu
but Beauty endeavoured to appear cheerful
ama güzellik neşeli görünmeye çalıştı
she sat down at the table and helped her father
masaya oturdu ve babasına yardım etti
but she also thought to herself:
ama aynı zamanda kendi kendine şöyle de düşündü:
"Beast surely wants to fatten me before he eats me"
"Canavar beni yemeden önce kesinlikle beni şişmanlatmak istiyor"
"that is why he provides such plentiful entertainment"
"bu yüzden bu kadar bol eğlence sunuyor"
after they had eaten they heard a great noise
Yemek yedikten sonra büyük bir gürültü duydular
and the merchant bid his unfortunate child farewell, with tears in his eyes
ve tüccar talihsiz çocuğuna gözlerinde yaşlarla veda etti
because he knew the Beast was coming
çünkü canavarın geleceğini biliyordu
Beauty was terrified at his horrid form
güzellik onun korkunç biçiminden dehşete kapılmıştı
but she took courage as well as she could
ama elinden geldiğince cesaretini topladı
and the monster asked her if she came willingly
ve canavar ona gönüllü olarak gelip gelmediğini sordu
"yes, I have come willingly," she said trembling
"Evet, isteyerek geldim," dedi titreyerek
the Beast responded, "You are very good"
canavar cevap verdi, "Sen çok iyisin"
"and I am greatly obliged to you; honest man"
"ve sana çok minnettarım; dürüst adam"
"go your ways tomorrow morning"
"yarın sabah yollarınıza gidin"
"but never think of coming here again"

"ama bir daha buraya gelmeyi asla düşünme"
"Farewell Beauty, farewell Beast," he answered
"Elveda güzellik, elveda canavar" diye cevapladı
and immediately the monster withdrew
ve canavar hemen geri çekildi
"Oh, daughter," said the merchant
"Ah kızım," dedi tüccar
and he embraced his daughter once more
ve kızını bir kez daha kucakladı
"I am almost frightened to death"
"Neredeyse ölümden korkuyorum"
"believe me, you had better go back"
"İnanın bana, geri dönmeniz daha iyi olur"
"let me stay here, instead of you"
"Ben burada kalayım, senin yerine"
"No, father," said Beauty, in a resolute tone
"Hayır, baba," dedi güzellik kararlı bir tonda
"you shall set out tomorrow morning"
"yarın sabah yola çıkacaksın"
"leave me to the care and protection of providence"
"Beni ilahi takdirin bakımına ve korumasına bırak"
nonetheless they went to bed
yine de yatağa gittiler
they thought they would not close their eyes all night
bütün gece gözlerini kapatmayacaklarını sandılar
but just as they lay down they slept
ama tam yattıkları anda uyudular
Beauty dreamed a fine lady came and said to her:
Güzel rüya gören güzel bir kadın yanına geldi ve şöyle dedi:
"I am content, Beauty, with your good will"
"Ben senin iyi niyetinle mutluyum, güzellik"
"this good action of yours shall not go unrewarded"
"Bu iyi eylemin karşılıksız kalmayacak"
Beauty waked and told her father her dream
güzel uyandı ve babasına rüyasını anlattı
the dream helped to comfort him a little

rüya onu biraz rahatlatmaya yardımcı oldu
but he could not help crying bitterly as he was leaving
ama ayrılırken acı bir şekilde ağlamaktan kendini alamadı
as soon as he was gone, Beauty sat down in the great hall and cried too
O gittikten hemen sonra, güzellik büyük salona oturdu ve o da ağladı
but she resolved not to be uneasy
ama huzursuz olmamaya karar verdi
she decided to be strong for the little time she had left to live
Yaşamak için kalan az zamanı boyunca güçlü olmaya karar verdi
because she firmly believed the Beast would eat her
çünkü canavarın onu yiyeceğine kesinlikle inanıyordu
however, she thought she might as well explore the palace
ancak sarayı keşfetmenin iyi olacağını düşündü
and she wanted to view the fine castle
ve o güzel şatoyu görmek istiyordu
a castle which she could not help admiring
hayran olmaktan kendini alamadığı bir şato
it was a delightfully pleasant palace
çok hoş ve keyifli bir saraydı
and she was extremely surprised at seeing a door
ve bir kapı görünce çok şaşırdı
and over the door was written that it was her room
ve kapının üzerinde onun odası olduğu yazıyordu
she opened the door hastily
aceleyle kapıyı açtı
and she was quite dazzled with the magnificence of the room
ve odanın ihtişamı karşısında adeta büyülenmişti
what chiefly took up her attention was a large library
dikkatini çeken şey büyük bir kütüphaneydi
a harpsichord and several music books
bir klavsen ve birkaç müzik kitabı
"Well," said she to herself

"Peki," dedi kendi kendine
"I see the Beast will not let my time hang heavy"
"Canavarın zamanımın ağırlaşmasına izin vermeyeceğini görüyorum"
then she reflected to herself about her situation
sonra kendi durumunu düşündü
"If I was meant to stay a day all this would not be here"
"Eğer bir gün kalmam gerekseydi bunların hiçbiri burada olmazdı"
this consideration inspired her with fresh courage
bu düşünce ona taze bir cesaret verdi
and she took a book from her new library
ve yeni kütüphanesinden bir kitap aldı
and she read these words in golden letters:
ve şu sözleri altın harflerle okudu:
"Welcome Beauty, banish fear"
"Güzelliği hoş karşıla, korkuyu kov"
"You are queen and mistress here"
"Sen buranın kraliçesi ve hanımısın"
"Speak your wishes, speak your will"
"İsteklerinizi söyleyin, iradenizi söyleyin"
"Swift obedience meets your wishes here"
"Burada hızlı itaat isteklerinizi karşılar"
"Alas," said she, with a sigh
"Ah," dedi iç çekerek
"Most of all I wish to see my poor father"
"En çok zavallı babamı görmek istiyorum"
"and I would like to know what he is doing"
"ve ne yaptığını bilmek isterim"
As soon as she had said this she noticed the mirror
Bunu söyler söylemez aynayı fark etti
to her great amazement she saw her own home in the mirror
büyük bir şaşkınlıkla aynada kendi evini gördü
her father arrived emotionally exhausted
babası duygusal olarak bitkin bir halde geldi
her sisters went to meet him

kız kardeşleri onunla buluşmaya gittiler
despite their attempts to appear sorrowful, their joy was visible
üzgün görünmeye çalışmalarına rağmen sevinçleri gözle görülür şekildeydi
a moment later everything disappeared
bir an sonra her şey kayboldu
and Beauty's apprehensions disappeared too
ve güzelliğin endişeleri de ortadan kayboldu
for she knew she could trust the Beast
çünkü canavara güvenebileceğini biliyordu
At noon she found dinner ready
Öğle vakti akşam yemeğini hazır buldu
she sat herself down at the table
o masaya oturdu
and she was entertained with a concert of music
ve bir müzik konseriyle eğlendirildi
although she couldn't see anybody
kimseyi görememesine rağmen
at night she sat down for supper again
gece tekrar akşam yemeğine oturdu
this time she heard the noise the Beast made
bu sefer canavarın çıkardığı sesi duydu
and she could not help being terrified
ve dehşete kapılmadan edemedi
"Beauty," said the monster
"güzellik" dedi canavar
"do you allow me to eat with you?"
"Benimle birlikte yemek yememe izin verir misin?"
"do as you please," Beauty answered trembling
"İstediğini yap," diye cevapladı güzellik titreyerek
"No," replied the Beast
"Hayır," diye cevapladı canavar
"you alone are mistress here"
"burada tek hanım sensin"
"you can send me away if I'm troublesome"

"Eğer sorun çıkarırsam beni gönderebilirsin"
"send me away and I will immediately withdraw"
"beni gönderin, hemen geri çekileyim"
"But, tell me; do you not think I am very ugly?"
"Ama söyle bana; sence ben çok çirkin değil miyim?"
"That is true," said Beauty
"Bu doğru" dedi güzellik
"I cannot tell a lie"
"Yalan söyleyemem"
"but I believe you are very good natured"
"ama senin çok iyi huylu olduğuna inanıyorum"
"I am indeed," said the monster
"Evet öyleyim" dedi canavar
"But apart from my ugliness, I also have no sense"
"Ama çirkinliğimin yanı sıra, aklım da yok"
"I know very well that I am a silly creature"
"Ben aptal bir yaratık olduğumu çok iyi biliyorum"
"It is no sign of folly to think so," replied Beauty
"Böyle düşünmek aptallık belirtisi değil," diye cevapladı güzellik
"Eat then, Beauty," said the monster
"Öyleyse ye, güzellik," dedi canavar
"try to amuse yourself in your palace"
"Sarayında eğlenmeye çalış"
"everything here is yours"
"buradaki her şey senin"
"and I would be very uneasy if you were not happy"
"ve eğer sen mutlu olmasaydın ben çok rahatsız olurdum"
"You are very obliging," answered Beauty
"Çok naziksiniz," diye cevapladı güzellik
"I admit I am pleased with your kindness"
"İtiraf ediyorum ki nezaketinizden memnun kaldım"
"and when I consider your kindness, I hardly notice your deformities"
"ve nezaketinizi düşündüğümde, çirkinliklerinizi neredeyse fark etmiyorum"

"Yes, yes," said the Beast, "my heart is good
"Evet, evet," dedi canavar, "kalbim iyi
"but although I am good, I am still a monster"
"ama iyi olsam da hala bir canavarım"
"There are many men that deserve that name more than you"
"Senden daha çok bu ismi hak eden birçok adam var"
"and I prefer you just as you are"
"ve ben seni olduğun gibi tercih ediyorum"
"and I prefer you more than those who hide an ungrateful heart"
"Ve ben seni nankör bir kalbi gizleyenlerden daha çok tercih ederim"
"if only I had some sense," replied the Beast
"Keşke biraz aklım olsaydı," diye cevapladı canavar
"if I had sense I would make a fine compliment to thank you"
"Aklım olsaydı sana teşekkür etmek için güzel bir iltifat yapardım"
"but I am so dull"
"ama ben çok sıkıcıyım"
"I can only say I am greatly obliged to you"
"Sadece size çok minnettar olduğumu söyleyebilirim"
Beauty ate a hearty supper
güzellik doyurucu bir akşam yemeği yedi
and she had almost conquered her dread of the monster
ve canavar korkusunu neredeyse yenmişti
but she wanted to faint when the Beast asked her the next question
ama canavar ona bir sonraki soruyu sorduğunda bayılmak istedi
"Beauty, will you be my wife?"
"güzelim, karım olur musun?"
she took some time before she could answer
cevap verebilmesi için biraz zaman geçmesi gerekti
because she was afraid of making him angry
çünkü onu kızdırmaktan korkuyordu

at last, however, she said "no, Beast"
en sonunda, "hayır, canavar" dedi
immediately the poor monster hissed very frightfully
zavallı canavar hemen çok korkunç bir şekilde tısladı
and the whole palace echoed
ve tüm saray yankılandı
but Beauty soon recovered from her fright
ama güzellik kısa sürede korkusundan kurtuldu
because Beast spoke again in a mournful voice
çünkü canavar yine hüzünlü bir sesle konuştu
"then farewell, Beauty"
"o zaman elveda güzellik"
and he only turned back now and then
ve o sadece arada sırada geri döndü
to look at her as he went out
dışarı çıkarken ona bakmak
now Beauty was alone again
şimdi güzellik yine yalnızdı
she felt a great deal of compassion
çok büyük bir şefkat hissetti
"Alas, it is a thousand pities"
"Ah, bin yazık"
"anything so good natured should not be so ugly"
"Bu kadar iyi huylu bir şey bu kadar çirkin olmamalı"
Beauty spent three months very contentedly in the palace
güzel sarayda üç ay çok mutlu bir şekilde geçirdi
every evening the Beast paid her a visit
her akşam canavar onu ziyarete geliyordu
and they talked during supper
ve akşam yemeğinde konuştular
they talked with common sense
sağduyuyla konuştular
but they didn't talk with what people call wittiness
ama insanların nüktedanlık dediği şeyle konuşmadılar
Beauty always discovered some valuable character in the Beast

güzellik her zaman canavarda değerli bir karakter keşfetti
and she had gotten used to his deformity
ve onun deformitesine alışmıştı
she didn't dread the time of his visit anymore
artık onun ziyaretinin zamanından korkmuyordu
now she often looked at her watch
artık sık sık saatine bakıyordu
and she couldn't wait for it to be nine o'clock
ve saatin dokuz olmasını sabırsızlıkla bekliyordu
because the Beast never missed coming at that hour
çünkü canavar o saatte gelmeyi asla ihmal etmezdi
there was only one thing that concerned Beauty
güzellikle ilgili tek bir şey vardı
every night before she went to bed the Beast asked her the same question
her gece yatmadan önce canavar ona aynı soruyu soruyordu
the monster asked her if she would be his wife
canavar ona karısı olup olmayacağını sordu
one day she said to him, "Beast, you make me very uneasy"
bir gün ona "canavar, beni çok huzursuz ediyorsun" dedi
"I wish I could consent to marry you"
"Keşke seninle evlenmeyi kabul edebilseydim"
"but I am too sincere to make you believe I would marry you"
"ama seni evleneceğime inandıracak kadar samimi değilim"
"our marriage will never happen"
"evliliğimiz asla gerçekleşmeyecek"
"I shall always see you as a friend"
"Seni her zaman bir arkadaş olarak göreceğim"
"please try to be satisfied with this"
"lütfen bununla yetinmeye çalışın"
"I must be satisfied with this," said the Beast
"Bundan memnun olmalıyım" dedi canavar
"I know my own misfortune"
"Kendi talihsizliğimi biliyorum"
"but I love you with the tenderest affection"

şefkatli sevgiyle seviyorum "
"However, I ought to consider myself as happy"
"Ancak kendimi mutlu saymalıyım"
"and I should be happy that you will stay here"
"ve burada kalacağın için mutlu olmalıyım"
"promise me never to leave me"
"beni asla terk etmeyeceğine söz ver"
Beauty blushed at these words
güzellik bu sözlere kızardı
one day Beauty was looking in her mirror
bir gün güzel aynaya bakıyordu
her father had worried himself sick for her
babası onun için çok endişelenmişti
she longed to see him again more than ever
onu her zamankinden daha çok tekrar görmeyi özlemişti
"I could promise never to leave you entirely"
"Seni asla tamamen terk etmeyeceğime söz verebilirim"
"but I have so great a desire to see my father"
"ama babamı görmeyi çok istiyorum"
"I would be impossibly upset if you say no"
"Hayır dersen inanılmaz derecede üzülürüm"
"I had rather die myself," said the monster
"Ben kendim ölmeyi tercih ederim" dedi canavar
"I would rather die than make you feel uneasiness"
"Seni huzursuz etmektense ölmeyi tercih ederim"
"I will send you to your father"
"Seni babana göndereceğim"
"you shall remain with him"
"Onunla kalacaksın"
"and this unfortunate Beast will die with grief instead"
"ve bu talihsiz canavar bunun yerine kederle ölecek"
"No," said Beauty, weeping
"Hayır," dedi güzellik ağlayarak
"I love you too much to be the cause of your death"
"Seni ölümüne sebep olacak kadar çok seviyorum"
"I give you my promise to return in a week"

"Sana bir hafta içinde döneceğime dair söz veriyorum"
"You have shown me that my sisters are married"
"Bana kızkardeşlerimin evli olduğunu gösterdin"
"and my brothers have gone to the army"
"ve kardeşlerim orduya gittiler"
"let me stay a week with my father, as he is alone"
"Babam yalnız olduğu için bir hafta onunla kalmama izin ver"
"You shall be there tomorrow morning," said the Beast
"Yarın sabah orada olacaksın" dedi canavar
"but remember your promise"
"ama sözünü hatırla"
"You need only lay your ring on a table before you go to bed"
"Yatmadan önce yüzüğünüzü masanın üzerine koymanız yeterli"
"and then you will be brought back before the morning"
"ve sonra sabah olmadan geri getirileceksiniz"
"Farewell dear Beauty," sighed the Beast
"Elveda sevgili güzellik," diye iç çekti canavar
Beauty went to bed very sad that night
güzellik o gece çok üzgün bir şekilde yatağa girdi
because she didn't want to see Beast so worried
çünkü canavarın bu kadar endişeli olmasını istemiyordu
the next morning she found herself at her father's home
Ertesi sabah kendini babasının evinde buldu
she rung a little bell by her bedside
yatağının yanındaki küçük zili çaldı
and the maid gave a loud shriek
ve hizmetçi yüksek sesle çığlık attı
and her father ran upstairs
ve babası yukarı koştu
he thought he was going to die with joy
sevinçten öleceğini sanıyordu
he held her in his arms for quarter of an hour
onu çeyrek saat boyunca kollarında tuttu
eventually the first greetings were over

sonunda ilk selamlaşmalar bitti
Beauty began to think of getting out of bed
güzellik yataktan çıkmayı düşünmeye başladı
but she realized she had brought no clothes
ama yanına hiç kıyafet almadığını fark etti
but the maid told her she had found a box
ama hizmetçi ona bir kutu bulduğunu söyledi
the large trunk was full of gowns and dresses
büyük sandık elbiseler ve elbiselerle doluydu
each gown was covered with gold and diamonds
her elbise altın ve elmaslarla kaplıydı
Beauty thanked Beast for his kind care
güzel, canavara nazik bakımı için teşekkür etti
and she took one of the plainest of the dresses
ve en sade elbiselerden birini aldı
she intended to give the other dresses to her sisters
diğer elbiseleri kız kardeşlerine vermeyi düşünüyordu
but at that thought the chest of clothes disappeared
ama bu düşünceyle giysi sandığı kayboldu
Beast had insisted the clothes were for her only
canavar kıyafetlerin sadece kendisi için olduğunu iddia etmişti
her father told her that this was the case
babası ona durumun böyle olduğunu söyledi
and immediately the trunk of clothes came back again
ve hemen giysi sandığı geri geldi
Beauty dressed herself with her new clothes
güzel yeni elbiselerini giydi
and in the meantime maids went to find her sisters
ve bu arada hizmetçiler kız kardeşlerini bulmaya gittiler
both her sister were with their husbands
her iki kız kardeşi de kocalarıyla birlikteydi
but both her sisters were very unhappy
ama her iki kız kardeşi de çok mutsuzdu
her eldest sister had married a very handsome gentleman
en büyük kız kardeşi çok yakışıklı bir beyefendiyle evlenmişti

but he was so fond of himself that he neglected his wife
ama o kadar kendine düşkündü ki karısını ihmal ediyordu
her second sister had married a witty man
ikinci kız kardeşi nüktedan bir adamla evlenmişti
but he used his wittiness to torment people
ama o, zekâsını insanlara eziyet etmek için kullandı
and he tormented his wife most of all
ve karısına en çok eziyet eden oydu
Beauty's sisters saw her dressed like a princess
Güzelin kız kardeşleri onu bir prenses gibi giyinmiş halde gördüler
and they were sickened with envy
ve kıskançlıktan hasta oldular
now she was more beautiful than ever
şimdi her zamankinden daha güzeldi
her affectionate behaviour could not stifle their jealousy
onun şefkatli davranışları onların kıskançlığını bastıramadı
she told them how happy she was with the Beast
onlara canavarla ne kadar mutlu olduğunu anlattı
and their jealousy was ready to burst
ve kıskançlıkları patlamaya hazırdı
They went down into the garden to cry about their misfortune
Başlarına gelen felaketi ağlamak için bahçeye indiler
"In what way is this little creature better than us?"
"Bu küçük yaratık hangi bakımdan bizden daha iyi?"
"Why should she be so much happier?"
"Neden bu kadar mutlu olsun ki?"
"Sister," said the older sister
"Kızkardeşim" dedi abla
"a thought just struck my mind"
"aklıma bir düşünce geldi"
"let us try to keep her here for more than a week"
"Onu bir haftadan fazla burada tutmaya çalışalım"
"perhaps this will enrage the silly monster"
"belki bu aptal canavarı çileden çıkarır"

"because she would have broken her word"
"çünkü sözünü bozmuş olurdu"
"and then he might devour her"
"ve sonra onu yiyebilir"
"that's a great idea," answered the other sister
"Bu harika bir fikir," diye cevapladı diğer kız kardeş
"we must show her as much kindness as possible"
"Ona mümkün olduğunca çok nezaket göstermeliyiz"
the sisters made this their resolution
kız kardeşler bunu kararlaştırdılar
and they behaved very affectionately to their sister
ve kız kardeşlerine karşı çok şefkatli davrandılar
poor Beauty wept for joy from all their kindness
zavallı güzellik onların tüm nezaketinden dolayı sevinçten ağladı
when the week was expired, they cried and tore their hair
hafta dolduğunda ağladılar ve saçlarını yoldular
they seemed so sorry to part with her
ondan ayrılmak onları çok üzmüş gibi görünüyordu
and Beauty promised to stay a week longer
ve güzellik bir hafta daha kalmaya söz verdi
In the meantime, Beauty could not help reflecting on herself
Bu arada güzellik kendini düşünmekten kendini alamadı
she worried what she was doing to poor Beast
zavallı hayvana ne yaptığı konusunda endişeliydi
she know that she sincerely loved him
onu içtenlikle sevdiğini biliyordu
and she really longed to see him again
ve onu tekrar görmeyi gerçekten çok istiyordu
the tenth night she spent at her father's too
babasının yanında geçirdiği onuncu gece de
she dreamed she was in the palace garden
saray bahçesinde olduğunu hayal etti
and she dreamt she saw the Beast extended on the grass
ve canavarın çimenlerin üzerinde uzandığını gördüğünü hayal etti

he seemed to reproach her in a dying voice
ölmek üzere olan bir sesle ona sitem ediyor gibiydi
and he accused her of ingratitude
ve onu nankörlükle suçladı
Beauty woke up from her sleep
güzellik uykudan uyandı
and she burst into tears
ve gözyaşlarına boğuldu
"Am I not very wicked?"
"Ben çok kötü değil miyim?"
"Was it not cruel of me to act so unkindly to the Beast?"
"Canavara karşı bu kadar acımasız davranmam zalimlik değil miydi?"
"Beast did everything to please me"
"canavar beni memnun etmek için her şeyi yaptı"
"Is it his fault that he is so ugly?"
"Bu kadar çirkin olması onun suçu mu?"
"Is it his fault that he has so little wit?"
"Bu kadar az zekaya sahip olması onun suçu mu?"
"He is kind and good, and that is sufficient"
"O nazik ve iyidir ve bu yeterlidir"
"Why did I refuse to marry him?"
"Onunla evlenmeyi neden reddettim?"
"I should be happy with the monster"
"Canavardan memnun olmalıyım"
"look at the husbands of my sisters"
"kız kardeşlerimin kocalarına bakın"
"neither wittiness, nor a being handsome makes them good"
"ne nüktedanlık, ne de yakışıklılık onları iyi yapmaz"
"neither of their husbands makes them happy"
"kocalarından hiçbiri onları mutlu etmiyor"
"but virtue, sweetness of temper, and patience"
"ama erdem, tatlı huyluluk ve sabır"
"these things make a woman happy"
"Bu şeyler bir kadını mutlu eder"
"and the Beast has all these valuable qualities"

"ve canavarın tüm bu değerli nitelikleri var"
"it is true; I do not feel the tenderness of affection for him"
"doğrudur; ona karşı şefkat ve sevgi hissetmiyorum"
"but I find I have the highest gratitude for him"
"ama ona karşı en büyük minnettarlığımı hissediyorum"
"and I have the highest esteem of him"
"ve ona en yüksek saygıyı duyuyorum"
"and he is my best friend"
"ve o benim en iyi arkadaşım"
"I will not make him miserable"
"Onu perişan etmeyeceğim"
"If were I to be so ungrateful I would never forgive myself"
"Eğer bu kadar nankör olsaydım kendimi asla affetmezdim"
Beauty put her ring on the table
güzellik yüzüğünü masanın üzerine koydu
and she went to bed again
ve tekrar yatağa gitti
scarce was she in bed before she fell asleep
yatağa girer girmez uykuya daldı
she woke up again the next morning
Ertesi sabah tekrar uyandı
and she was overjoyed to find herself in the Beast's palace
ve kendini canavarın sarayında bulduğunda çok sevindi
she put on one of her nicest dress to please him
onu memnun etmek için en güzel elbiselerinden birini giydi
and she patiently waited for evening
ve o sabırla akşamı bekledi
at last the wished-for hour came
sonunda istenilen saat geldi
the clock struck nine, yet no Beast appeared
saat dokuzu vurdu, ama hiçbir canavar görünmedi
Beauty then feared she had been the cause of his death
güzellik daha sonra onun ölümüne sebep olanın kendisi olduğundan korktu
she ran crying all around the palace
sarayın her yerinde ağlayarak koştu

after having sought for him everywhere, she remembered her dream
onu her yerde aradıktan sonra rüyasını hatırladı
and she ran to the canal in the garden
ve bahçedeki kanala doğru koştu
there she found poor Beast stretched out
orada zavallı hayvanı uzanmış halde buldu
and she was sure she had killed him
ve onu öldürdüğünden emindi
she threw herself upon him without any dread
hiç korkmadan onun üzerine atıldı
his heart was still beating
kalbi hala atıyordu
she fetched some water from the canal
kanaldan biraz su aldı
and she poured the water on his head
ve suyu onun başına döktü
the Beast opened his eyes and spoke to Beauty
canavar gözlerini açtı ve güzellikle konuştu
"You forgot your promise"
"Sözünü unuttun"
"I was so heartbroken to have lost you"
"Seni kaybettiğim için çok üzgünüm"
"I resolved to starve myself"
"Kendimi aç bırakmaya karar verdim"
"but I have the happiness of seeing you once more"
"ama seni bir kez daha görmenin mutluluğunu yaşıyorum"
"so I have the pleasure of dying satisfied"
"bu yüzden tatmin olmuş bir şekilde ölmenin zevkini yaşıyorum"
"No, dear Beast," said Beauty, "you must not die"
"Hayır, sevgili canavar," dedi güzellik, "ölmemelisin"
"Live to be my husband"
"Kocam olmak için yaşa"
"from this moment I give you my hand"
"bu andan itibaren sana elimi uzatıyorum"

"and I swear to be none but yours"
"ve yemin ederim ki senden başkası olmayacağım"
"Alas! I thought I had only a friendship for you"
"Ah! Senin için sadece bir dostluk olduğunu sanıyordum"
"but the grief I now feel convinces me;"
"ama şimdi hissettiğim keder beni ikna ediyor;"
"I cannot live without you"
"Sensiz yaşayamam"
Beauty scarce had said these words when she saw a light
güzellik nadir bu sözleri bir ışık gördüğünde söylemişti
the palace sparkled with light
saray ışıkla parlıyordu
fireworks lit up the sky
havai fişekler gökyüzünü aydınlattı
and the air filled with music
ve hava müzikle doldu
everything gave notice of some great event
her şey büyük bir olayın habercisiydi
but nothing could hold her attention
ama hiçbir şey onun dikkatini çekemedi
she turned to her dear Beast
sevgili canavarına döndü
the Beast for whom she trembled with fear
korkudan titrediği canavar
but her surprise was great at what she saw!
ama gördüğü şey karşısında şaşkınlığı büyüktü!
the Beast had disappeared
canavar kaybolmuştu
instead she saw the loveliest prince
onun yerine en güzel prensi gördü
she had put an end to the spell
büyüyü bozmuştu
a spell under which he resembled a Beast
bir canavara benzediği bir büyü
this prince was worthy of all her attention
bu prens onun tüm ilgisine layıktı

but she could not help but ask where the Beast was
ama canavarın nerede olduğunu sormaktan kendini alamadı
"You see him at your feet," said the prince
"Onu ayaklarınızın dibinde görüyorsunuz," dedi prens
"A wicked fairy had condemned me"
"Kötü bir peri beni lanetlemişti"
"I was to remain in that shape until a beautiful princess agreed to marry me"
"Güzel bir prenses benimle evlenmeyi kabul edene kadar bu formda kalacaktım"
"the fairy hid my understanding"
"peri anlayışımı sakladı"
"you were the only one generous enough to be charmed by the goodness of my temper"
"Sen benim iyi huyumdan etkilenecek kadar cömert olan tek kişiydin"
Beauty was happily surprised
güzellik mutlu bir şekilde şaşırdı
and she gave the charming prince her hand
ve büyüleyici prense elini uzattı
they went together into the castle
birlikte kaleye girdiler
and Beauty was overjoyed to find her father in the castle
ve güzel, babasını şatoda bulduğunda çok sevindi
and her whole family were there too
ve tüm ailesi de oradaydı
even the beautiful lady that appeared in her dream was there
Rüyasında gördüğü güzel kadın bile oradaydı
"Beauty," said the lady from the dream
"güzellik" dedi rüyadaki kadın
"come and receive your reward"
"gel ve ödülünü al"
"you have preferred virtue over wit or looks"
"Zekaya veya görünüşe göre erdemi tercih ettin"
"and you deserve someone in whom these qualities are united"

"ve bu niteliklerin birleştiği birini hak ediyorsun"
"you are going to be a great queen"
"harika bir kraliçe olacaksın"
"I hope the throne will not lessen your virtue"
"Umarım taht faziletinizi eksiltmez"
then the fairy turned to the two sisters
sonra peri iki kız kardeşe döndü
"I have seen inside your hearts"
"Kalplerinizin içini gördüm"
"and I know all the malice your hearts contain"
"ve kalplerinizin içinde barındırdığı tüm kötülüğü biliyorum"
"you two will become statues"
"İkiniz de heykel olacaksınız"
"but you will keep your minds"
"ama siz akıllarınızı koruyacaksınız"
"you shall stand at the gates of your sister's palace"
"Kız kardeşinin sarayının kapılarında duracaksın"
"your sister's happiness shall be your punishment"
"Kardeşinin mutluluğu senin cezan olacak"
"you won't be able to return to your former states"
"eski hallerinize geri dönemeyeceksiniz"
"unless, you both admit your faults"
"eğer ikiniz de hatalarınızı kabul etmezseniz"
"but I am foresee that you will always remain statues"
"ama sizin her zaman heykel olarak kalacağınızı öngörüyorum"
"pride, anger, gluttony, and idleness are sometimes conquered"
"gurur, öfke, oburluk ve tembellik bazen yenilir"
"but the conversion of envious and malicious minds are miracles"
" Fakat kıskanç ve kötü niyetli zihinlerin dönüşümü mucizedir"
immediately the fairy gave a stroke with her wand
peri hemen asasını salladı
and in a moment all that were in the hall were transported

ve bir anda salondaki herkes taşındı
they had gone into the prince's dominions
Prensin egemenliğine girmişlerdi
the prince's subjects received him with joy
Prensin tebaası onu sevinçle karşıladı
the priest married Beauty and the Beast
rahip güzel ve çirkinle evlendi
and he lived with her many years
ve onunla uzun yıllar yaşadı
and their happiness was complete
ve mutlulukları tamamlandı
because their happiness was founded on virtue
çünkü onların mutluluğu erdeme dayanıyordu

The End
Son

www.tranzlaty.com

www.ingramcontent.com/pod-product-compliance
Lightning Source LLC
Chambersburg PA
CBHW012012090526
44590CB00026B/3982